ediciones**carena**

JOSÉ MARÍA NIEVAS RUIZ

GIULIANA O EL TIGRE

Primera edición: julio de 2024

© José María Nievas Ruiz, 2024

© Ediciones Carena, 2023

Ediciones Carena
c/Alpens, 31-33
08014 Barcelona
T. 934 310 283
info@edicionescarena.com
WWW.EDICIONESCARENA.COM

Diseño de la cubierta: Sandra Jiménez
Fotografía de solapa: Cristina López Nieto
Imagen de portada: Midjourney

Coordinación y revisión: Jesús Martínez
WWW.REPORTEROJESUS.COM

Depósito legal B 15639-2024

ISBN 978-84-19890-99-3

Impreso en España - Printed in Spain

Tigre, tigre, que te enciendes en luz
por los bosques de la noche,
¿qué mano inmortal, qué ojo
pudo idear tu terrible simetría?

EL TIGRE, DE WILLIAM BLAKE

No reconozco autoridad
más allá de mi cuerpo.

LOS SIETE CONTRA TEBAS, DE GATA CATTANA

VÍSPERA

Trigo. El quinto mes desplaza al humo
y en la plaza se vende miel y polen.
Solitaria, la cuesta de la iglesia
con sus pájaros diurnos.
Los arriates lagrimean en silencio
y una tos de esparto atraviesa el aceite.

Nombres, solo nombres, leche agria,
el brillo solar de estas manos viejas.

Nadie ha visto al tigre todavía.

I

GIULIANA

Yo soy un error. Tú también
eres un error hundido
en mi corazón.
        ¿Lo ves?

Eres mi error y te amo.

CANCIÓN ERRÓNEA, DE ANTONIO GAMONEDA

SER

Nombres como las piedras
que duermen la montaña.
Nombres sirena sobre asfalto y guijo
con lo determinante y sucio
de esta piel de rodaje extremo.

Mira mi nombre
flotando sobre aquellos cerros
donde las cabras piensan
y las zorras pasean su disfraz.

Quiero amar en el nombre de los vientos
pero solo soy un murmullo sin brazos
y tengo el cuerpo tendido bajo la sábana,
presente, cuerpo abrasado con los gritos
de los hijos que no nacieron.

Giuliana, pero podría llamarme cueva
o cáncamo, podría ser la grasa que excede
el borde de la sartén.

EN RUTA

Te perderás

al dibujar por fuera de la línea,
al ingerir el gramo innecesario,
al caminar al margen del sendero,
al conspirar contra tus muertes bellas,
al respirar el humo del volcán.

Y allí, en aquel país de pérdida y olvido,
aprenderás a construir tu casa.

ALGUIEN

La llave de la casa está sobre la mesa.
Aquello que acontece es el reflejo
de otros días. Apenas los primeros
rayos de sol traspasan los cristales
el tiempo se detiene.

No hay una sombra tan de luto
como la del que aguarda una llegada
y sin embargo sabe
que nadie franqueará el umbral.

Alguien corta la hogaza en la cocina,
remueve el caldo.
Alguien camina cerca del jardín,
pero la puerta a cal y canto permanece
y aquella sombra poco a poco se confunde
con el silencio suave de las arañas.

GERMEN

Es llamativo estar en la armadura,
buceando en la médula de este cuerpo precioso,
ser testigo de aquello que se esconde tras la imagen.

Hay música en el labio que germina dentro del huevo.

Caminar esta senda para alumbrar la propia y ser al menos
vástago en el margen del otro. Asomarse a los hierros,
cimientos de la voz, como lo haría el zorro en una conejera.

Crear mundo es un acto de amor. Yo amo la vida que se derrama
desde la náusea igual que desde el soplo verde, desde la cornisa
en vacío aparente o en la mullida estación del aire libre.

COMO CEBRAS DEBAJO DEL BAOBAB

Nos quedan las sartenes encostradas
y el vapor amarillo de las cortinas.

Los días cuecen y se escuchan
a los cactus cantar sobre las escaleras
que suben hasta el bosque.

El aire quieto anuncia la tormenta:
pronto estaremos empapadas
como cebras debajo del baobab.

Pero ahora, ahora nuestros cuerpos
se anudan y se estiran
y de nuestra corteza se desprende un mito:

hay estrellas que brillan después de muertas.

LA MUERTE ABSTRACTA

La calabaza quieta, colonial,
un sol que no calienta en la pared,
cúmulos sonrientes dando la bienvenida.
Se mece el esqueleto. Su osamenta
balanceada pende entre sur y norte.
Penetra el día en la escalera,
brillante y fósil como los caminos
que van a los refugios.

Cruje una losa y no es la ruina,
es una losa que cruje.
Sopla el viento y no es el invierno,
es Ciarán implacable cabalgando.
No la tristeza sino mi padre muerto
o la tostada caída otra vez
por la parte de la mantequilla.
Aquel zapato roto de tanto caminar,
melancolía no, sus agujeros tienen nombre
de países y pueblos.
Los árboles a punto de caer
también tienen su propio nombre y mañana
depende de cómo se pronuncie.

¿Felicidad? No, el humo del cigarro
justo antes de la caída.

HERENCIA

Vagamente el ladrido acalla luces
hermosísimas. Cantas a la aurora
pero ya nadie puede oírte.

¿Para cuándo lo verde,
lo extraordinario?
           La palabra usada
de los poetas permanece en tu paladar
y la fosa, palada a palada,
se ensancha para acoger tu cementerio,
tu guirnalda empolvada,
tu pompa estética,
tu pueblo indiferente.

¿Cuándo aprenderás de los cometas
a dejar un rastro luminoso?
¿Cuándo viajarás sobre lo virgen
aunque acabes rompiéndote los huesos?

PERECEDERO

Al aire van las huellas que la edad
trajo consigo. Y no ves, no vemos
la senda ahora. Triste es la mirada
cuando llega al girarnos, cuando cuelga
de la sábana usada donde fuimos
de un material perecedero.

Sobre la mesa, incendios esporádicos,
la razón despuntando para mal
de todas. La saliva quieta, fósil.

Un ladrido que llega de los años
resuena impertinente y se pierde
en el aire también.

Y al tirar de la puerta un silencio
de amapolas barrerá nuestra espalda.
Y todo lo que fuimos
se perderá entre el mármol deslucido
de los portales.

Viajes que no comienzan nunca,
sombras que se alargan y se mezclan
con el sonido ancestral de las madres.

Sombras profundas en los ojos del útero
donde la edad es un milagro a punto de extinguirse.

A TRAVÉS

Llevar la venda
y el aliento inflamado
galopando el serbal de cazadores.
                Apretada, los ojos incapaces
de sentir.   Manos dormidas
lamiendo el azúcar y el limón
mientras el cuerpo se arroja una vez
y otra vez
                transparente como los días de marzo.

La venda firme
dejándonos ser en un lugar de cristales y élitros.

Música robada para labios
que muerden sintiendo la ceguera.

¿Qué es moverse si no mirar el azufre?
Los ojos vueltos hacia el hueso y la entraña.

Para ellos el nombre,
para ellos la carta con la cruz,
la ropa seca y el cáncer en el bies de los periódicos.
Sanar en la medida en la que sana
un cuerpo que se rompe en la caída:

una vez y otra vez, los oídos avizor
al aroma del cierzo.
        Temblando bajo la luz
de los semáforos, con un pie desnudo
acariciando el alquitrán   y el otro
gimiendo ante lo inevitable.

        Suave el tacto
de quien perdona besando los ijares de la cierva.

Desnudos, desnudos, los pies desnudos,
las tibias y los hombros desnudos,
la palabra Hombre desnuda,   teselada
en constelaciones donde solo es palabra.

        Precipitarse sobre el bosque
con la noche en los ojos.

II

LA CEGUERA

hermética galaxia

todo ese apuro blanco
toda esa luz

hermosamente muerta.

«Utilidad de las estrellas», de María Negroni

NO CABE DIOS EN UNA MANO SOLA

Quedaba redundante tras la puerta
yo, de agua repleto medio cuerpo,
de dios, tu dios, portando trino y gloria,
como cuerno de nácar sobre el abrevadero.

Y emprendía la marcha nuevamente
con el gigante
rondando la cabeza, excesivo placer
el que me daba adivinarte entre dos cuerpos.

Y así,
moldeando la propia floración,
creando la tarima de camelias y nardos,
asumí parte de este vientre
alumbrador, imaginable.

Y acongojado y triste el dios, tu dios,
como las sábanas de un santo herido,
dejó caer su cetro y me tendió la mano.

No cabe ya misericordia en parte
alguna, ni camino ni corteza,
no cabe dios en una mano sola,
tu dios, el dios que al naufragar es hombre

al fin,
que abraza la madera para no terminar
en el fondo. Tu dios, mi dios, la carne.

LAS PIELES

«A los locos no nos quedan bien los nombres.»
ROQUE DALTON

De esparto piel
nacida en métrica   confusa
de alguna otra materia el resto
pieles canónicas, sin tanta petequia

de pie no caen aquellos
que gastan dermis de Caín,
pieles estas zurcidas
con hilo frágil y vidrioso

engalanados con la carta más alta
la cara en la moneda de las veces
estos otros por bien colmar la horma

aquellos, más oscuros o más tenues
de vidas destilando transparencia
menos dulces las vidas a los ojos
pero no menos ciertas

entonces por qué
entonces dónde la mirada para aquellos
los que vuelan con el ala torcida

¿no serán torcidos los ojos
no seremos nosotras piel
donde el esparto es ganga, retal
donde nacer de esparto es ser
visible solo en los espejos?

ÚLTIMA LLUVIA

Atiende al látigo que se aproxima
como caricia injusta al rigor de la piel.
Bálsamo la palabra, el tiento,
la mansedumbre de las adormideras,
el aliento en el cuello de los hijos.
Atiende porque habrá días acumulados
en las cunetas de tu viaje,
días de oración y vientre desnudo,
de parto sobre las tardes vacías de los polígonos.

Tu gesto ahora retrocede para encajar el golpe,
para acoger el beso que vendrá
en el canto de la flor,
en aquella mirada que precede al vacío.

Olvidar es despertar al invierno
y sobre aquellas cosas que abaten tu resistencia,
tu piel curtida de granito y broza,
sobre las cosas iluminadas por la fortuna del fracaso,
se derrama el amor que aún permanece,
como si fuera la última lluvia de la última estación.

LA DESCARGA

El aguijón penetrando la carne,
dejando su dolor igual que un eco,
dándonos la vida al comprender lo efímero del gozo
o dándonos el gozo mismo
al recordar la vida y sus venenos.

Animales salvajes con olor a piel curtida,
tótems de barrios marginales
acumulando historia en los túneles del metro.
Mil ojos perdidos en un mar de lámina de vidrio,
entre coltán y queso digerible,
entre el aplauso de los que ya no miran ni a las piernas.

Amar este aroma a orines, la sonrisa del demente,
la descarga, el golpe seco en la nuca,
su miseria acercándonos al mundo de las cosas.

Ser tribu, como el verso que arde verde,
manantial de carne y circunstancias,
desterradas de la dictadura del índice,
heridas, picadas, atravesadas por la aguja del insecto. Vivas.

Un zumbido cercano al tímpano que nos sitúa
de nuevo entre la jara o vadeando el cauce,

todavía más lejos de las casas de apuestas.
Retozando al fin con nuestra luz y nuestra sombra.
Sin antídoto.

CLAVELES

Escupe el aire olor a liquen.
Rompe la geografía el lomo de un lagarto. Sestea la peña,
cuerpo aserrado que descansa encima de los siglos,
canales que aguardan el abrazo de la nieve.

El miedo a la caída nos descubre acariciando la cresta,
funámbulas del siglo veintiuno fluyendo como neandertales.

Celebrar la existencia llevándola hasta el borde,
sintiéndola vibrar sobre los pájaros.

Cuerpo a cuerpo nuestros sudores trinan,
químicamente bellos,
y el día se estremece y se dilata.

Y en cada cicatriz, ensueño o pesadilla,
un amanecer nos sorprende cerca de la cumbre.

SEMILLA

No veo el animal,
y aunque mis labios se camuflen
y aunque mis uñas se desprendan
y aunque la cuerda penda amenazando
sobre la horquilla de un olmo,
esta ceguera me nutre y me lame.

Giuliana,   pero podría amanecer
bajo una piel felina
o vivir todas las muertes
vomitando sobre tu rostro
la semilla podrida de la sangre.

III

TUNDRA

AMÉ. Es incomprensible
como el temblor de los álamos.
Estoy extraviado pero yo sé que amé.

CANCIÓN ERRÓNEA, DE ANTONIO GAMONEDA

Había una costra en el barro helado,
heladas raíces, blanca la yerba.
     La carne: mármol,
bajo mármol náusea y gozo.

Alguien perseguía los insectos
que dejaban su rastro en la nieve.
Se alimentó con aquellos cuerpos.

Bajo la costra helada los fluidos,
las piernas abriéndose en mapas
como las alas del gavilán.

Había un silo recibiendo la última luz
de la tarde, un perro a la deriva
lamiendo las raíces, viento helado
habitando los rincones de la carne.

Vuelven, los pensamientos vuelven.
Caminamos erguidas sobre este suelo
que nos vio nacer. Miramos al hombre
trabajando la tierra. Allí el mundo
termina o comienza quizá.

Nos hemos amado tanto
sobre este paisaje.
Hemos hundido nuestros dedos
en todas las cerraduras.

En cuero viejo convertido el bálsamo
de este valle de lagos, como pupa
que será mariposa, un disfraz
de inviernos devorado por los días.
Sobre las casas se acumula el humo,
sobre el humo un trasluz.
Los aperos apoyados en las tapias
aún calientes.

Se mecía la araña en el alero
y su contorno grueso y blando
proyectaba la seda hacia la urdimbre.

Pasos largos, tan lentos y largos,
como el sueño de los alerces.
Pasos desde el umbral:
tanto nos hemos amado.

Ella iba cada día para abrazar su cuerpo,
para hablarle de la familia
de los pinos de agosto,
para ocupar un espacio en su memoria
aunque mañana todo volviese a empezar:
la vida como *un trayecto entre dos soles,*
los días vírgenes de los desvalidos.

El heno inunda el aire,
la luz de las farolas apenas,
apenas el siseo de la hoz,
la caja rítmica de un Hudson,
la lírica invadiendo cada rostro
quemado por la lluvia,
por los años verdes de los veneros.

Es arduo respirar de este aire maduro
con los pulmones cosidos a la infancia.

Alguien nos persigue con ojos de anciano,
con el sueño de las uvas en el vientre.
Llega para llevarnos,
llega para llevarnos.

La cosecha será un baile de ripios,
moneda al viento. Pasos lentos y largos.

Vuelven, los pensamientos vuelven.
El azar devorando a nuestros hijos.
Miramos la veleta sin movernos,
asumiendo cualquier dirección
y es la tierra ahora la que nos pisa
y nos sangra en barriles.
La cosecha será una danza macabra.

Claudicar,
lamer el sexo híbrido
fabricado entre dos panes,
alimentarse con el fluido corrupto

de tu vena y la mía,
amanecer flotando
en la simiente del estanque.

Decía en aquellos idiomas
palabras de napalm
y con su lengua hundida en la turba
nos dio a luz entre canciones.

Visitarás la tierra helada
y serás parte de este credo,
blanca la yerba,
la carne amanecida.

Las muertes que nos visten son hermosas
pero caminan demasiado
y quizá aquella huella,
su maldita huella de muertos,
dibuja surcos donde cabe el frío,
donde caben los muebles inútiles,
la ganga, la palabra caída en el desmoche.

Aquellas muertes son mantillo
y habrá jardines con olor a muerte,
con el hermoso color de los difuntos.

Quiero lamer tu cementerio
para saber de que están hechas
las paredes de tu cárcel.

Corría sobre la tierra helada
y su cuerpo se fundía entre cerezos
y su sombra era un inmenso país vegetal.

Ahora los idiomas se diluyen,
se mezclan con la niebla.
Nuestras lenguas infantiles
habitando el permafrost,
dispuestas a nacer un día
para infectar el mundo.

Nos hemos amado tanto sobre este paisaje.
Tanto nos hemos amado.

IV

LA ISLA

No sabemos la dirección de la isla.
Solo encontraremos el descanso
en el último siglo.

«SE NOS VA A QUEBRAR LA NOCHE»,
DE GRIS ÁLVAREZ

CEREMONIA

He viajado hasta la isla.
En la arena no hay cangrejos.
Ni los mapaches asoman el hocico.

Un sendero que se adentra entre las plataneras,
una cárcava que ahonda entre las flores.

En el borde mismo de la playa,
con los tobillos desnudos besados
por pequeñas lenguas de sal,
miro el follaje espeso
y él observa también
como animal agazapado.

¿Ya nos habíamos visto antes?

Camino, amo, penetro en la arboleda.

LA ESCALERA

Había una escalera justo detrás de la curva.
No era común, en medio del camino,
entre las sombras de los viejos robles,
hallar sin más montaña arriba
semejante señal del paso humano.

Sopesé la manera de seguir,
pisar o no aquella anomalía
o acaso rodear para dejarla al margen.
Entonces decidí usarla en el descenso.
Al fin y al cabo, yo
solo era un árbol más
de los que nadie escucha
caer dentro del bosque.

Han pasado los años y ya ni tan siquiera
consigo recordar el nombre del sendero.

Pero no es fácil escribir
guardando el equilibrio,
pensando en otra cosa que no sea
bajar una escalera.

LA CUEVA

Te siento,   con la mancha en comisuras,
espacio-tiempo aparte, mariposa
aparecida en años secos. Luz
de marzo floreciendo en abril, cuerpo
de sutura y camino.   No seré
espejo para ti, ni molde.   Cárcel
nunca, solo una cueva en el viaje,
para secar los pies, para imprimir
el beso de tu historia en las paredes
y desaparecer entre las hojas
como lo hacen
las estaciones frías
o el contorno fractal del hielo cuando arde.

EL OTRO

Un cuerpo pasa cerca de otro cuerpo,
una temperatura compartida,
manos sobre la ortiga como hebras
de azafrán, colocadas con cuidado,
un aroma que siendo ajeno engarza
con el todo y anida lentamente
y se convierte en único y posible.

Cuerpos hermanos, cuerpos descosidos
de la techumbre ajada de otro tiempo,
cuerpos que no se fijan en mañana,
rodando suavemente hacia la superficie,
para mirarse, para oírse, para ser,
para tomar conciencia de la luz.

Se quedan,
porque el invierno es una palabra enorme
y amar y corazón solo son ruido,
porque los ojos en los ojos danzan,
o vuelan o sencillamente guardan
silencio.

Y aun cuando parten,
cuando la lluvia en el bohío cesa,

cuando el acento de sol y de mar
se debilita como un golpe de océano,
aún entonces permanecen.

LA HERIDA, LA VOZ, EL BOSQUE

Tú, que llegas con luto en las entrañas,
con el ala partida, que te encojes
al escuchar la copla que te viola,
caminas a mi lado en este día
con la cabeza en otra parte.

Pero los vientos que aquí soplan,
el sonido arenoso de la huella,
componen sinfonías al borde del camino.

La máscara de azufre poco a poco
se deshace. Batiendo su ala negra
un mirlo en tu mirada habita.

Pero la voz, aquella voz arcaica
sobrevuela el ramaje.
Pero la voz, un canto sin edad,
destrepa de las copas como un águila
en busca de su presa.

A tu lado camino,
no abrazo tu lamento, abrazo el árbol
y el árbol te ilumina,
no beso tu penar, beso la flor

y ella te cubre con su manto cierto.

Y al mirar a lo alto, en la colina,
se ve tu sombra huyendo de la tierra,
deshaciéndose,
hasta quedar fuera de plano.

DESENLACE

Te recuerdo tal y como eres.
No pasa el tiempo aquí, solo nosotros
pasamos y como si fuera ayer
el día en que por vez primera amé el sonido
que habita en las raíces, en la sombra
de tu corazón tranquilo, exhalo al fin
el aire en bocanada de otra tarde,
de otra singladura.

MAGNOLIAS

Háblame del color de las magnolias,
del espécimen que varó en aquel arenal,
tráfico de ondas marinas sobre primera línea,
alineados los cuerpos,
profundos y dóciles en la carne ajena,
dejándose llevar saliva abajo,
entre la fría seriedad de los placeres.

Háblame del otro corazón,
el que resiste en los melocotones y las uvas,
de la necesidad de las palabras llanas
cuando el amor y el óxido se funden.

Piedras en las costillas
para ser conscientes de la fortuna
del que amanece en la blandura del algodón.

Háblame del pienso y la doctrina del bien alimentado,
de su discurso azul sobre lagunas fangosas,
de la horma huyendo del objeto para ser objeto.

Háblame sin más de la manera de hacer una línea sin torcerse
o la manera de torcerse para trazar líneas
dónde solo debieron haber magnolias.

EL NACIMIENTO DEL TIGRE

Existen los carrizos arañando la piel,
las hojas del arce a punto de vestir otra vida,
el esqueleto de una oración
que no llegó a ser recitada.

Existe el campo y los corderos existen,
justo por debajo de la historia,
en un lugar donde no hay significados.

Existe una isla hecha de vientos
adonde flotan las palabras
para vestir al animal,
para dejarle en la orilla dispuesto al naufragio.

PASQUETTA

Y aquí, desde las celdas de Bormio,
observo tu leche derramarse entre las ramas.

Una sombra atraviesa la tundra,
galopa desnuda, se pierde y aparece
entre las yemas que anuncian otros días.

Feroz es la palabra.
Tu aliento de selva, mi aliento,
abriendo sendero y sepultura.

Miraré las veces
aviejándome en la espera.

Nadie te verá si no es desde mis ojos.

ÍNDICE

ESTA
PRIMERA
EDICIÓN DE *Giuliana*
o el tigre, DE JOSÉ MARÍA
NIEVAS RUIZ, HA SIDO IM-
PRESA CON PAPEL AHUESADO,
DE 80 GRAMOS. SE HA UTILIZA-
DO LA TIPOGRAFÍA GARAMOND
PRO. SE TERMINÓ DE IMPRIMIR
EN REPROGRÁFICAS MALPE,
EN MADRID, EN EL MES
DE JULIO DEL AÑO
2024.